Adivina quién
atrapa

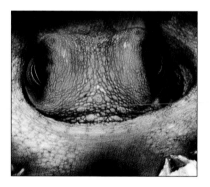

Sharon Gordon

Marshall Cavendish
Benchmark
Nueva York

Mi hogar está en el océano.

¡Ven a ver!

Vivo sola y soy tímida.

Esta es mi pequeña cueva.

Me deslizo al entrar y al salir.

¡Es fácil porque no tengo
huesos!

Soy suave y blanda.

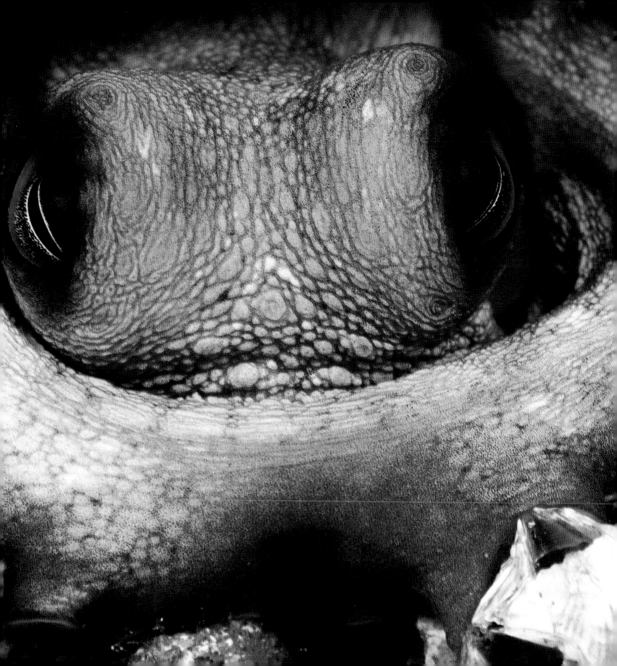

Tengo ojos grandes.

¡Veo el peligro!

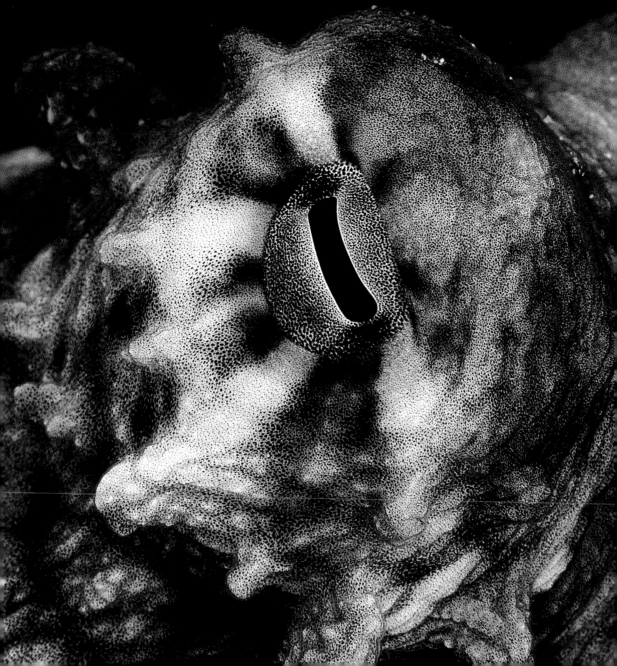

Puedo cambiar de color.

Así es como me escondo.

También puedo lanzar tinta negra, que forma una nube oscura en el agua.

Nadie me ve alejarme.

Como peces pequeños.

Algunas veces los persigo.

Otras veces espero a que se acerquen.

Los atrapo con mis largos brazos.

¡Tengo ocho!

Se llaman *tentáculos*.

Están cubiertos de ventosas.

Todo se les pega.

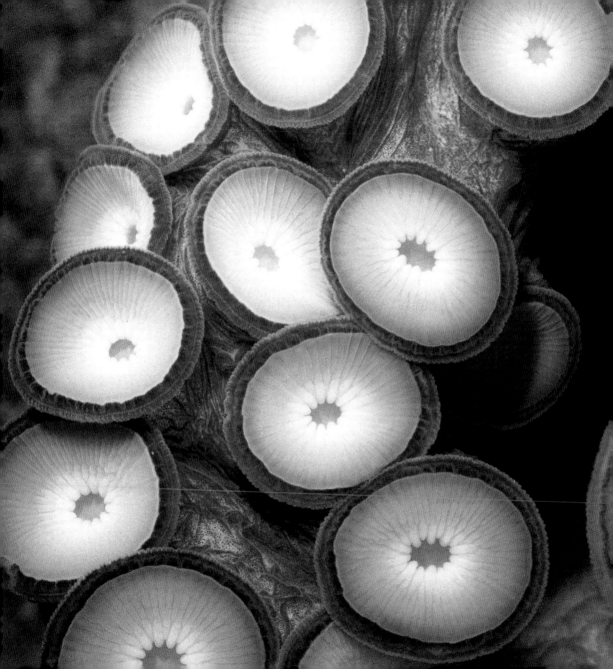

Yo pongo muchos huevos.

Mis crías parecen
pececitos.

Algún día se verán
como yo.

¿Quién soy?

¡Soy una pulpo!

¿Quién soy?

huevos

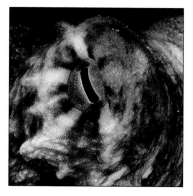

ojo

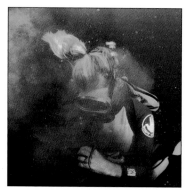

tinta

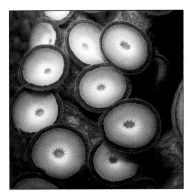

ventosas   **tentáculos**

tentáculos
Partes largas y delgadas del cuerpo de un pulpo que usa para atrapar comida.

Índice

Las páginas indicadas con números en **negrita** tienen ilustraciones.

Datos biográficos de la autora

Sharon Gordon ha escrito muchos libros para niños. También ha trabajado como editora. Sharon y su esposo Bruce tienen tres niños, Douglas, Katie y Laura, y una perra consentida, Samantha. Viven en Midland Park, Nueva Jersey.

Agradecemos a las asesoras de lectura Nanci Vargus, Dra. en Ed., y Beth Walker Gambro.

Marshall Cavendish Benchmark
99 White Plains Road
Tarrytown, New York 10591-9001
www.marshallcavendish.us

Library of Congress Cataloging-in-Publication Data

Gordon, Sharon.
[Guess who grabs. Spanish]
Adivina quién atrapa / Sharon Gordon. – Ed. en español.
p. cm. – (Bookworms. Adivina quién)
ISBN-13: 978-0-7614-2383-6 (edición en español)
ISBN-10: 0-7614-2383-4 (edición en español)
ISBN-10: 0-7614-1557-2 (English edition)
1. Octopuses–Juvenile literature. I. Title. II. Series: Gordon, Sharon. Bookworms. Adivina quién.

QL430.3.O2G6718 2006
594'.56–dc22
2006015789

Traducción y composición gráfica en español de Victory Productions, Inc.
www.victoryprd.com

Investigación fotográfica de Anne Burns Images

Fotografía de la cubierta de *Corbis*/Jeffrey L. Rotman

Los permisos de las fotografías utilizadas en este libro son cortesía de: *Corbis*: pp. 1, 9, 21, 29 (izquierda) Stuart Westmorland; p. 7 Brandon D. Cole. *Peter Arnold*: p. 3 James L. Amos; p. 5 Klaus Jost; pp. 11, 28 (arriba a la derecha) Kelvin Aitken. *Visuals Unlimited*: p. 13 Daniel W. Gotshall; pp. 15, 19, 25, 27, 28 (abajo), 29 (derecha) Dave B. Fleetham. *Norbert Wu*: pp. 17, 23, 28 (arriba a la izquierda).

Diseño de la serie de Becky Terhune

Impreso en Malasia
1 3 5 6 4 2